T. 27
_n. 10468.

A MES CONCITOYENS.

Un ami de l'ordre, de la justice et de la
vérité, victime d'une trame odieuse, veut
faire connaître à ses concitoyens les principes d'un fonctionnaire qui a violé les lois
du sang et outragé les sentiments de la na-
ture, pour satisfaire une injuste vengeance.

Fils d'un membre distingué du barreau
de Saint-Pons-de-Thomières (Hérault), j'é-
tais destiné à lui succéder par le décès de
mon frère aîné à Leipsick. Déjà j'avais fait
mes études à la faculté de Toulouse, lorsque l'ordonnance du Roi, du 14 avril 1820,
m'obligea à renoncer à mon projet en ré-
duisant le nombre des avoués.

Mes bons principes, la douceur de mon
caractère et une conduite irréprochable,
m'ayant concilié l'estime et l'intérêt des honnêtes gens de la ville de Saint-Pons, j'ob-
tins la place de *commissaire de police* qui y
fut créée en 1821. Dès-lors ma règle de conduite fut invariablement tracée ; défendre
l'ordre public, la monarchie et la cause de

l'humanité, furent les motifs qui, constamment, me dirigèrent et qui me firent honorablement distinguer par mes concitoyens.

Je remplis les mêmes fonctions, dont le modique traitement (700 fr.) était ma seule ressource pour subsister avec un frère, deux sœurs orphelines et valétudinaires, lorsque la révolution de 1830 éclata. Ma conduite, en cette circonstance grave, fut celle d'un homme paisible et à qui la conscience ne reproche rien. Je me rangeai, sans murmurer, sous les lois du nouveau gouvernement, ne doutant pas que sous son abri tutélaire la France, heureuse et libre, ne poursuivît sans obstacles le cours brillant de ses prospérités, et que cette légende *Liberté, Ordre public*, ne fût le signal de la réconciliation des partis.

Ayant été maintenu dans mes fonctions, je continuai de les remplir avec le même zèle et la même impartialité qui m'ont toujours caractérisé, et qui furent toujours l'apanage des bons magistrats.

Malheureusement le sieur Bouisson, ex-avoué, fut nommé sous-préfet à la même ville, en récompense de sa servilité.

A peine ce nouvel administrateur eut saisi les rênes de son petit gouvernement, qu'il médita des projets de vengeance contre moi, en haine des anciennes discussions qui avaient existé entre nous à raison de l'office de mon père acquis à vil prix, par un de ses frères, et d'une affaire qu'il eut avec un de ses clients qui lui imputait des torts graves. Il commença à me faire sentir sa supériorité, en m'expulsant impitoyablement du bureau que j'occupais à l'hôtel de la Mairie, et en me réléguant dans une espèce de galetas à côté des valets-de-ville. Ensuite il m'imposa une foule d'obligations inconnues jusqu'à lui, et qui furent néanmoins remplies avec exactitude et résignation.

Non content de m'envoyer avec la gendarmerie poursuivre les conscrits, troubler par des visites inquisitoriales le repos des charitables campagnards qui leur donnaient asile, il m'obligeait à aller fouiller toutes les voitures qui passaient la nuit dans notre ville, pensant y trouver des personnages sur l'arrestation desquels il fondait de grandes et chimériques espérances, ne réfléchissant pas que pour en venir à bout il fallait des *Deutz* et de tels hommes sont rares : ils ne sont pas Français.

Après les insomnies causées par l'infortunée princesse, victime comme moi de la méchanceté d'un parent, le choléra, fléau qui suit les révolutions, vient fournir à notre zélé sous-préfet un nouveau prétexte de vexation envers son parent. En vain le commissaire de police fît-il tout ce qui était à son pouvoir pour faire régner la salubrité publique : tous ses soins ne purent le soustraire aux rigueurs de son impitoyable vampire. Il fut donc molesté, réprimandé, menacé et de plus mandé à la barre du conseil de salubrité, composé de 24 membres qui se croyaient le droit de commander, et avec lesquels il était obligé d'entretenir une correspondance plus désagréable et des plus pénibles.

Les élections municipales arrivèrent, et le sous-préfet cabala de tout son pouvoir, et il employa les cabales les plus honteuses en faveur des candidats de son choix : il prétendit me dicter ma conduite en me faisant dire par le maire qu'il espérait que je voterais avec l'administration. Or, il y avait parmi les candidats de cette administration des hommes qui savent souffler le froid et le chaud ; des hommes qui, en 1815, arrachaient les cocardes tricolores et insultaient ceux qui n'avaient pas arboré la couleur blanche ; d'autres qui auraient porté le bonnet rouge ; d'autres que la première révolution avait vu dans les rangs des plus forcenés terroristes ; d'autres, enfin, que la

honteuse ruine de leur commerce exposait
à faire suspecter leur probité ; je répondis
que je *voterais selon ma conscience* , et cette
réponse me valut d'être signalé comme *in-
subordonné*.

Peu de temps après, un conflit, non encore vidé, s'éleva entre le même sous-préfet
et le garde-général des forêts à la résidance
de Saint-Pons, relativement à la dévastation
de la forêt domaniale dite *Sérignan*, due à
l'inaction et à l'entêtement du sous-préfet,
sous la sauve-garde duquel elle se trouvait
placée, s'étant constamment opposé à l'envoi
d'une force militaire, seule capable de con-
tenir les dévastateurs ; le sous-préfet crut
excuser sa conduite en calomniant le zèle et
la conduite des agents forestiers qu'il traita
de *poltrons*, de *vauriens*, etc.

Le garde-général, vieux soldat qui porte
sur sa personne les preuves de sa bravoure,
réduit à se justifier d'une accusation aussi
grave que peu méritée, prouva que les gen-
darmes qui avaient souvent refusé d'obtem-
pérer à ses réquisitions, à cause du danger
qu'ils couraient, réunis à tous les employés
sous ses ordres, avaient été bien insuffisants
pour empêcher la dévastation ; il invoqua le
témoignage du commissaire de police qui,
placé dans l'alternative de déplaire à son

supérieur, ou de dire la vérité tout entière, déclara qu'il avait accompagné plusieurs fois les gardes forestiers dans leurs visites domiciliaires chez les délinquants et dans leurs tournées aux diverses forêts, où les dévastateurs se rendaient en troupes et se livraient à de nombreuses rébellions.

Dès ce moment, la colère du sous-préfet fut à son comble, et il n'attendit qu'une occasion pour la faire éclater, pressé qu'il était de remplir ses promesses à l'égard des courtisans à qui d'avance il avait donné ma place.

Cette occasion ne tarda pas à se présenter.

L'émeute, fille hideuse de la révolution, fut choisie pour être le prétexte d'une vengeance encore plus hideuse : elle offrit un moyen excellent pour se débarrasser d'un fonctionnaire importun. Cette émeute fut attribuée à la pénurie des céréales. Le sous-préfet se hâta de la dénoncer au préfet et ne manqua pas de dire que « tandis que tous les autres fonctionnaires de la ville s'étaient présentés pour calmer l'effervescence populaire, je n'avais pas été vu à mon poste. »

Une telle justification des plus détaillées et des mieux circonstanciées, suivie d'une attestation couverte des signatures honorables (elles se composaient en grande partie

de conseïllers municipaux, d'officiers de la
garde-nationale et de fonctionnaires publics)
prouva que le commissaire de police avait
pris toutes les mesures qui étaient à sa dis-
position pour prévenir le désordre, et qu'il
avait contribué autant qu'aucun autre au
rétablissement de l'ordre, elle prouva de
plus que le maire s'était absenté ce jour là
pour aller à une noce et que le sous-préfet
feignait une maladie.

Telle fut la part glorieuse que prirent ces
deux zélés magistrats à cette grande émeute,
qui faillit leur procurer la croix d'honneur.
Un seul des adjoints, craignant sans doute,
d'attirer sur lui les éclats de la fureur populaire, se présenta en costume de *sans-culotte*,
et le lieutenant de la gendarmerie ne parut
que lorsque nous étions à la recherche des
grains. Enfin, l'instruction qui eut lieu à
la suite de l'arrestation de la demoiselle Bar-
thès, injustement inculpée d'accaparement,
prouva que l'insurrection scandaleuse dont
il s'agit, n'était que le résultat de l'insou-
ciance et de l'impéritie des premiers admi-
nistrateurs.

Cependant, chose étrange! le commissaire
de police fut seul accusé et puni : il fut
suspendu provisoirement de ses fonctions et
onze jours après remplacé par un *failli*, sans

qu'aucune ordonnance de révocation lui fût
notifiée ; on affecta même de lui cacher cette
mesure acerbe et insolite, aussi long-temps
qu'on put, afin de rendre sa justification
intempestive : d'ailleurs l'adversaire des trois
grandes journées arrivait et l'on voulait se
se servir encore de lui. On porta l'impudeur
jusqu'à lui faire faire la publication du pro-
gramme des réjouissances qui se préparaient,
et d'un *ordre du jour* du chef de bataillon de
la garde nationale, fourmillant d'insultes et
de diatribes les plus dégoûtantes contre l'au-
guste famille des BOURBONS.

M. Achille Bégé, maître des requêtes,
ayant succédé à M. Latourette dans la pré-
fecture de l'Hérault, je crus devoir repro-
duire ma justification pardevant ce magistrat,
espérant qu'il prendrait des informations sur
les faits à lui exposés. Mais, vain espoir !
Trompeuse illusion ! Ce jeune héros...... de
juillet, non de justice, après avoir gardé ma
pétition pendant plus de trois mois et avoir
entendu son servile subdélégué qui fut lui
rendre ses hommages, me la fit renvoyer en
me faisant écrire *qu'il avait jugé à propos de
n'y donner aucune suite.* Les loups ne se
mangent pas entr'eux.

N'ayant plus rien à espérer du héros de
juillet, je demandai qu'il me fît le renvoi des

pièces qui avaient accompagné ma pétition, notamment l'attestation de mes honorables concitoyens. Je les attendis vainement. Est-ce donc là la justice de ce parti, qui inscrivit avec hypocrisie sur ces drapeaux : *Ordre légal* et *Liberté ?...* Est-ce la justice distributive et la conscience administrative des agents de ce juste-milieu que la voix de la nation française poursuit de son mépris et de sa haine ?

Je m'abusais au point de croire que ces hommes commis à la défense de nos droits, que nos votes ont revêtus du noble mandat de présenter au pouvoir nos besoins et nos plaintes et de faire redresser par l'autorité supérieure les torts et les écarts souvent imprégnés de haine et de vengeance des autorités subalternes, se hâteraient de rendre justice à l'innocence persécutée. Je fus encore trompé dans mon attente. Je croyais alors à l'indépendance de nos représentants, et je ne savais pas que l'or du budget est le fleuve d'oubli dans lequel nos élus perdent le souvenir de leurs principes passés et les promesses si solennellement jurées.

Ayant recherché la cause de cet esprit de vengeance qui m'a été si funeste, j'ai découvert que le sous-préfet m'avait signalé *secrètement* comme un homme dont les opinions étaient opposées au gouvernement.

Mais sur quels motifs le sous-préfet a-t-il
pu baser une pareille opinion ?.... Fonctionnaire, j'ai rempli mon devoir loyalement
et sans acception de personnes. Je conviens
que je n'ai jamais voulu me faire l'esclave
de l'exaltation des partis et, sans doute, ma
modération a pu offusquer ces serviteurs
imprudents d'un gouvernement, dont la po-
pularité est à jamais compromise par les
excès de ses représentants. Je n'ai vu que
des citoyens que devait protéger ma justice
dans ceux que mes persécuteurs regardaient
comme des ennemis. Je n'ai fait partie d'aucune coterie, d'aucune association, d'aucun
club. Consacré tout entier à mes devoirs,
j'ai mis tous mes soins à faire régner la paix,
l'union, la concorde parmi mes concitoyens ;
à faire respecter les mœurs, la décence et
la religion. Cela n'a pas été du goût de ces
hommes passionnés, qui ne sont pas plus
partisans de cette religion que du gouvernement qui la protége. Non, je n'ai pas
voulu vexer les personnes, et si par la na-
ture de mes fonctions, j'ai été dans l'obli-
gation de faire de la peine à quelqu'un, je
l'ai fait toujours à regret et à contre-cœur.
Si j'ai refusé de m'associer aux tracasseries
d'un pouvoir haineux et vindicatif, c'est
parce que ma conscience ne me le permettait

pas ; et si je n'ai pas voulu m'humilier de-
vant des hommes si avides d'un respect qui
les fuit, et que je mésestime. La faute en
est à la fortune qui a précipité de leur position naturelle les gens honnêtes et comblé
d'honneurs et de pouvoirs ceux qu'elle devait abaisser.

Sur quels motifs encore le sous-préfet de
Saint-Pons a-t-il basé son opinion, touchant
mon opposition au gouvernement existant?
Serait-ce parce que je n'ai pas rompu des
relations d'amitié et de bon voisinage avec
certaines personnes prétendues suspectes ?...
Mais ce reproche, trop ridicule pour être
relevé, peut s'adresser à lui-même, qui n'a
cessé de voir les royalistes les plus connus
et jusques au fonctionnaire victime de ses
délations, que son dévouement désintéressé
a délivré de sa place. Je ne me justifie point
de ses relations honorables, dont vous m'avez
fait un crime ; et si le gouvernement a pu
en être offusqué, je le plains d'avoir à
compter au nombre de ses ennemis les
hommes les plus dignes de respect et de
vénération.

Ce n'est pas que d'ailleurs je veuille me
justifier de ces opinions dont on veut me
faire un crime. Non, sans doute, je ne les
renie pas, et je déclare à la face de mes

concitoyens, c'est avec peine que je me suis trouvé dans la nécessité de garder une magistrature qui, de paternelle et protectrice quelle était sous la restauration, devait, entre les mains d'un parti *immoral* et *despotique*, devenir un instrument de haine, de vexation et d'arbitraire. La position de ma famille me faisait un devoir de la garder et c'est à son bien-être que je sacrifiais mes convictions personnelles. Mes opinions précieusement renfermées dans mon cœur, ne se sont jamais imprudemment manifestées. Je sais ce que je devais au serment de fidélité, qui me liait et je ne suis pas de ces rénégats de tous les régimes, de ces apostats de tous les principes, qui regardent cet acte sacré comme une vaine formalité, et ne rougissent pas de tendre la main à l'or et aux faveurs d'un gouvernement, qu'ils combattent traitreusement de l'autre. Mais pourquoi le sous-préfet Bouisson, si sévère pour les opinions dans ma personne, dont le dévouement va sondant les consciences pour découvrir les ennemis cachés du gouvernement, n'a-t-il rien dit des écarts républicains de la plume de son frère? Toute la ville de Saint-Pons a retenti des notes fougeuses insérées par ce magistrat dans un recueil de chansons de 93, imprimé sous sa direc-

tion, et dans lequel le gouvernement de
Louis-Philippe, ses droits et sa durée, sont
attaqués avec la dernière violence.

D'après les faits que je viens d'énumérer,
mes concitoyens verront bien que mes opinions ne sont pas le véritable motif de ma
destitution. Le but de M. Bouisson, sous-
préfet, a été de placer ses valets, et con-
tenter cette méchanceté nerveuse et grima-
çante qui le caractérise. Je ne regrette pas
la modique place qu'il m'a fait perdre. Sa
malice se trouve en défaut, car la confiance
d'un homme de bien a réparé l'atteinte que
ses perfides manœuvres avaient porté à mon
bien-être, et j'ai gagné mon indépendance
et l'inestimable bonheur de n'avoir plus à
recevoir les ordres de pareilles gens.

Mes concitoyens de toutes les opinions
n'auront pas attendu, je l'espère, cet exposé
de ma conduite et des actes qui ont provoqué
ma destitution, pour juger et apprécier,
comme elle le mérite, cette famille qui
exploite l'arrondissement de Saint-Pons au
nom de la révolution de juillet. Ils n'auront
pas oublié ce partage de toutes les places
lucratives, fait en famille, à l'exclusion des
talents et de la vertu; ils n'auront pas vu
sans indignation cette association rapace de
sous-préfets, de juges, de notaires, d'a-

voués, etc., se donnant la main et usant
et abusant de leur position et de leurs in-
fluences locales dans le seul intérêt de leur
ambition et de leur fortune.

Leur avidité fut satisfaite par la révolution,
mais cet événement les a aussi démasqués. Ils
ne parlaient que de liberté, de justice et de
tolérance; et nous les avons vus se jouer
de tous les droits, appesantir sur l'arrondissement le joug le plus odieux : persé-
cuter ce qu'il y a de plus vénérable. Ils
disaient aussi qu'il fallait améliorer le sort
du peuple par l'éducation; et cependant
ces prétendus amis des lumières n'ont pas
hésité à frapper de leur rage destructive les
frères des écoles chrétiennes, ces modèles
de patience, d'abnégation personnelle et de
charité évangélique. Leur but caché n'était-
il pas d'ôter au pauvres sa dernière ressource dans les temps d'épreuve, l'avantage
d'une éducation chrétienne. L'indignation
publique a fait prompte justice de cette in-
tolérance sauvage. Nous avons vu le peuple
justement soulevé, intimer ses ordres équi-
tables et déjouer, par la bruyante expression
de son mécontentement, la conspiration our-
die contre l'avenir de ses enfants.

Je n'ajouterai plus rien à ma justification
publique, et je me console de l'injustice et

de l'ingratitude en sondant ma conscience et n'y trouvant pas des remords. Je me console par l'espérance que les jours d'épreuve auront leur terme, et que mon dévouement sera un jour apprécié par d'autres, **plus** dignes de mes services ; par la certitude que dans le long cours de mes fonctions, j'ai obtenu l'assentiment de la majorité de mes concitoyens et par le témoignage de ma propre estime, qui me dit que ce n'est pas un crime de refuser des hommages serviles à l'orgueil d'un parvenu.

M. le sous-préfet de Saint-Pons pourra attester au besoin que je n'ai jamais payé d'ingratitude les services de mes bienfaiteurs ; il ne m'accusera pas d'avoir outragé la mémoire de mon père en fraternisant avec ses assassins ; il sait que le seul héritage qu'il m'a laissé, fut l'exemple d'une vie sans reproche, et que si, comme bien d'autres, il n'a pas puisé à la source impure de 93, c'est qu'il a préféré à leur fortune l'estime des gens de bien.

JUÉRI,
Ancien Commissaire de Police.

A Montpellier, de l'Imprimerie d'Isidore TOURNEL.

www.ingramcontent.com/pod-product-compliance
Lightning Source LLC
Chambersburg PA
CBHW060721280326
41933CB00013B/2520